モンゴルと周辺の国ぐに

アジア州

ロシア連邦

●アスタナ
カザフスタン

キルギス

ウランバートル ■
モンゴル

朝鮮民主主義
人民共和国

タジキスタン
アフガニスタン

中華人民共和国

ペキン
（北京）●

日本海

●ピョンヤン（平壌）

●ソウル
大韓民国

日本

●イスラマバード

ネパール
ブータン

●デリー

30°

●カトマンズ

ミャンマー

東シナ海

北回帰線

インド

台湾

マンチョウリー
（満洲里）

ノモンハン

ブイル湖

○タムサクボラグ

自治区

ペキン（北京）

チン（天津）

パオティン（保定）

90°　120°

モンゴルの世界遺産

モンゴルでは、2019年現在、次の5件が世界遺産として登録されている。

- オブス湖盆地
- オルホン渓谷文化的景観
- モンゴル・アルタイ山系の岩絵群
- 大ボルハン・ハルドゥン山と
  その周辺の聖なる景観
- ダウリアの景観群

気候

北部の亜寒帯気候、中部のステップ気候、南部の砂漠気候の大きく3つに分けられる。

気温 ℃ ──ウランバートル ---東京
降水量 mm ■ウランバートル ▨東京

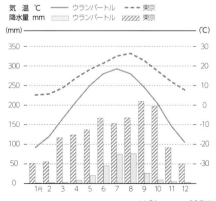

▲ウランバートルと東京の月別平均気温と降水量
『理科年表2020』丸善出版）

▲オルホン渓谷にあるエルデニ・ゾー寺院のソボルガン塔。エルデニ・ゾーは108個の卒塔婆の塔と外壁に囲まれた、モンゴルで最古のチベット仏教寺院。

▶アルタイ山脈にある岩絵群。紀元前1万1000年ごろから9世紀ごろまでにえがかれたもので、写真のモチーフはヘラジカとされる。

モンゴル

文・写真：関根 淳　監修：尾崎孝宏

ナーダムの競馬に参加した子どもたち。騎手は馬をむちでたたき、声をあげて馬をはげましながら疾走する。

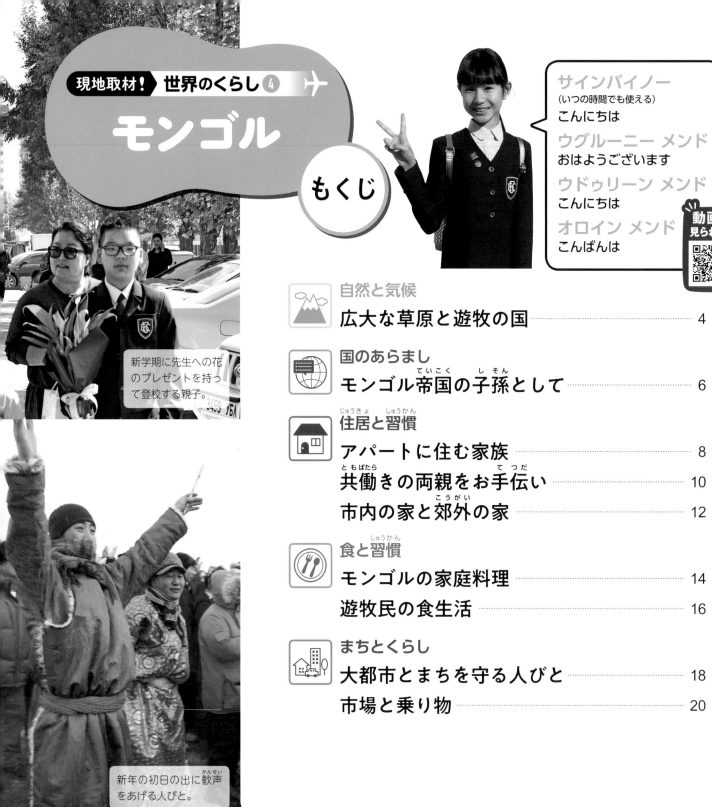

現地取材！ 世界のくらし ❹

モンゴル

もくじ

サインバイノー
（いつの時間でも使える）
こんにちは

ウグルーニー メンド
おはようございます

ウドゥリーン メンド
こんにちは

オロイン メンド
こんばんは

動画が
見られる！

新学期に先生への花のプレゼントを持って登校する親子。

新年の初日の出に歓声をあげる人びと。

ナーダムの弓射に参加した子どもたち。

ゴビ砂漠のラクダと少年たち。

◀こちらのサイトにアクセスすると、本書に掲載していない写真や、関連動画を見ることができます。

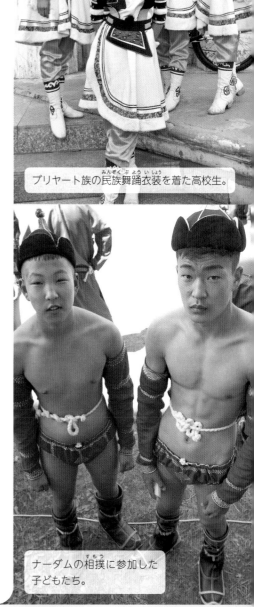

ブリヤート族の民族舞踊衣装を着た高校生。

ナーダムの相撲に参加した子どもたち。

旧正月に親せきの家で馬頭琴を弾く若者。

草原でひと休みする遊牧民の親子。

広大な草原と遊牧の国

大草原と移動式住居のゲル。遊牧民の子どもが水くみにいく。

自然豊かで若い世代が多い国

　モンゴルはユーラシア大陸の東部に位置し、北はロシア、南は中国と国境を接している海のない国です。面積は約156万㎢で日本の約4倍の国土をもち、草原や山脈、湖沼や河川にさまざまな動物が生息し、希少な植物がしげる豊かな自然が特徴です。モンゴルの人びとは数千年以上も前から、こうした自然とともに遊牧*の生活を続けてきました。

　モンゴルの人口は約322万人で、これは神奈川県横浜市の人口よりも少ないことを意味します。しかし全人口のおよそ70％が35歳以下と、おどろくほど若者が多く、元気で活気あふれる国です。

＊遊牧：水や草を求めて定期的に移動しながら家畜を育てること。

▼モンゴル南部にある砂漠地帯で、馬に乗ってラクダをひく子ども。

▼トゥブ県のヨル山にある、石を積みあげたような奇岩。

▼秋をむかえ、美しく色づく針葉樹林。

▼冬の凍てつく大草原を走る列車。

すずしい夏と
きびしい寒さの冬

　モンゴルの気候は、大きく3つに分けられます。北部の亜寒帯（冷帯）気候、中部のステップ気候、そして南部の砂漠気候です。全体とし

ては雨がほとんど降らず、1年じゅう乾燥しているので、夏は30℃をこえてもすずしく感じられますが、冬は寒さがきびしくマイナス20℃をこえる日も多くあります。このように1年のなかの気温差がひじょうに大きいことが、モンゴルの気候の特徴です。

▲ミヤマアズマギクのなかま。

▲セキレイのなかま。

▲モンゴルナキウサギ。

▲ノハラクサリヘビ。

▲ウスユキソウのなかま。

▲ナデシコのなかま。

▲フウロウソウのなかま。

▲ルリタマアザミのなかま。

モンゴルの四季	
春（3月〜5月）	気温が10℃前後まであがる。突風や砂塵などが舞うことも多い。
夏（6月〜8月）	日中は30℃をこえるが、湿度が低くすごしやすい。年間でもっとも雨が多い。
秋（9・10月）	すごしやすいが初雪も降る。家畜が太り、樹木が紅葉する実りの季節。
冬（11月〜2月）	シベリアからの寒気団により、マイナス20℃前後の寒さが続く。

恐竜王国モンゴル

　モンゴル南部に広がるゴビ砂漠は、世界的にも有名な恐竜の化石の産地です。恐竜がさかえていた中生代白亜紀（約1億4500万年前〜約6600万年前）の地層が残っていて、保存状態がよい恐竜の全身骨格や、卵の化石などが次つぎと見つかっています。

◀ゴビ砂漠で発掘された巨大肉食恐竜タルボサウルスの化石。

モンゴル帝国の子孫として

ハルハ族を中心とする民主主義国家

　モンゴルは、ソビエト連邦（ソ連）*の支援を受け、1924年から社会主義*国家「モンゴル人民共和国」として発展してきました。しかし1980年代末から民主化を求める声が高まり、社会主義体制からぬけでる新憲法の制定と、大統領の国民投票を勝ちとり、1992年に民主主義*国家「モンゴル国」として生まれかわりました。

　現在のモンゴルは、総人口の約95％がモンゴル系の民族で、いちばん多いハルハ族は、13〜14世紀に広大なモンゴル帝国を築いた部族の子孫です。ほかにはカザフ族やブリヤート族など、15以上の少数民族がくらしています。

国をあげての祭り、ナーダムを記念して、首都ウランバートルの中心地にあるスフバートル広場に集まった民族衣装を着た人びと。写真右側が革命家スフバートル像、正面奥が政府宮殿で、中央に巨大なチンギス・ハーン像が鎮座している。

チンギス・ハーン像

*ソビエト連邦（ソ連）：現在のロシアを中心とする15の共和国による社会主義大国で、アメリカと対立した。1991年に解体。
*社会主義：土地、工場、機械などの財産を個人のものではなく、社会全体の財産にしようという考え方。
*民主主義：国民が国の政治のあり方を最終的に決める権利をもつという考え方。

▲トナカイと少数民族トゥバ族の少女。

▲モンゴル民主化運動のようすをえがいたレリーフ。

▶民主化運動で「鐘の音」をうたい、若者たちのリーダーとなった歌手ツォグトサイハンの像。

宗教も文字も禁止された社会主義時代

13世紀、モンゴルがまだ「元」という王朝だった時代、チベット仏教が伝わりました。また、モンゴルには古くから使われていたモンゴル文字(たて文字)があります。しかし、社会主義時代にはチベット仏教の信仰や歴史を語ることが禁止され、文字もロシアで使用されているキリル文字を使うことを強制されたのです。民主化以降のモンゴルでは、宗教の自由がみとめられ、自分たちの文化や言葉を大切にしようと、小学校では歴史やモンゴル文字の授業がおこなわれています。

スフバートル像

◀モンゴル文字の練習。その下にキリル文字を書いている。

▼チベット仏教のガンダン寺。お坊さんを育てる学校もある。

▼旧正月の読経を終えたお坊さんと祈りにきた信者たち。

ここに注目!

国の英雄チンギス・ハーン

モンゴルを知るうえで、もっとも重要な人物がチンギス・ハーンです。彼の父は一族のリーダーでしたが、ほかの部族によって殺されて苦しい幼少期を送りました。しかし1200年ごろ、モンゴル民族の長となって遊牧民族を統一し、皇帝としてチンギス・ハーンとなりました。その後チンギス・ハーンが国土を広げながら独自の中央集権体制をつくり、交通制度を整えるなどしたことで、彼の息子や孫たちはユーラシア大陸全域に広がる巨大なモンゴル帝国を築くことができたのです。モンゴルの人びとはそんな英雄の子孫である誇りを胸に、これからも世界で活躍しようとしています。

▲高さ40mの巨大なチンギス・ハーン騎馬像。

▲13世紀にハーン(皇帝)が使ったゲルの内部を再現した施設。

アパートに住む家族

9階の窓から見た景色。同じつくりのアパートがならんでいる。

モンゴルでもっとも多いアパート

　12歳のエルヘスさんの家族、ツェレンドゥグ一家は、ウランバートル市内のアパートの9階に住んでいます。モンゴルが社会主義国家として国づくりを進めていたころ、ソビエト連邦の協力を受けながらたくさんのアパート（団地）が建設されました。このアパートの特徴は、同じつくりの建物が中庭の公園を囲むように何棟もならんでいるところです。

◀安全と寒さ対策のための二重玄関を入ってくつをぬぎ、スリッパにはきかえて家の中に入る。

▶台所の壁にはエルヘスさんの祖母が刺しゅうでつくった絵がかざってある。ロシアの画家ヴァシリー・ペロフがえがいた『休けい中の狩猟者』がモチーフ。

▶居間の入り口の上には、シカの頭部のはくせいがかざってある。

◀旧正月の準備の合間にお茶を飲んでほっと一息。

それぞれ独立した部屋をもつ

エルヘスさんの家族は5人ですが、現在お兄さんは独立して別の家でくらしているので、アパートに4人でくらしています。間取りは、居間と両親・お姉さんの部屋、エルヘスさんの部屋、台所と浴室、トイレです。モンゴルでは、まちで近代生活を送る人びとは3歳くらいから自分の部屋をもらい、5歳くらいからはベッドでひとりでねるのが一般的だそうです。

エルヘスさん（前列右から2番目）の家族と祖父母。

❶台所
❷居間
❸お姉さんの部屋
❹トイレ
❺浴室と洗面台
❻エルヘスさんの部屋
❼両親の部屋

▲電気こんろとオーブンがついている台所。奥には寒さ対策のため窓と壁でおおわれたベランダがある。

▲ベッドと勉強机があるエルヘスさんの部屋。

◀浴室と洗面台。ほとんど湯にはつからず、浴槽でシャワーを浴びる。

◀アパートの各階にあるごみ捨て場。ここにごみを捨てると、1階のごみ収集場に落ちていく。

▲壁に取りつけてあるパールとよばれる給湯管の暖房器。火力発電所で発電と同時にボイラーで湯をわかし、その温水が各家庭のパールに届けられる。

共働きの両親をお手伝い

学校から帰ってきたら、3時間かけて宿題と予習をする。

自分のことは自分でやる

　エルヘスさんの両親とお姉さんは、建築会社を経営しています。朝早くに家を出て、帰宅はおそいときで夜10時くらいになることもあります。エルヘスさんはお父さんの車で学校まで送ってもらいますが、放課後はたいていひとりで宿題をしたり、アパートの中庭で友達と遊んだりしてすごします。

　モンゴルは女性の社会進出が進んでいる国なので、両親が共働きの家庭も多く、子どもはすすんで家事のお手伝いをします。エルヘスさんも自分のご飯をつくったり部屋のそうじをしたりします。モンゴルの家庭では、子どもは小さいころから「自分のことは自分でやる」という方針で育てられます。

◀自分の部屋は自分でそうじする。

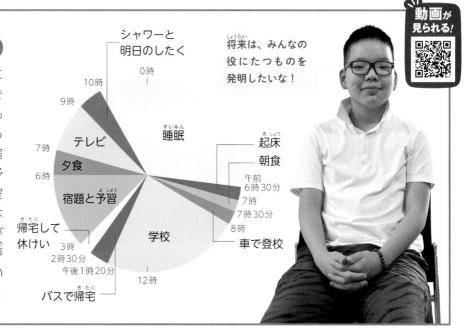

エルヘスさんの1日

　エルヘスさんは朝6時30分に起きます。親がいそがしいときは、自分で朝食をつくることもあります。学校は午前8時から午後1時20分までですが、毎日宿題がでるので、家でも宿題や予習をします。週に2回水泳教室に通っていて、水泳がある日は学校から直接行きます。算数が好きなエルヘスさんの将来の夢は、エンジニアになって新しいものを開発することだそうです。

将来は、みんなの役にたつものを発明したいな！

動画が見られる！

シャワーと明日のしたく
0時
睡眠
10時
9時
7時
テレビ
6時
夕食
宿題と予習
3時
帰宅して休けい
2時30分
午後1時20分
バスで帰宅
12時
学校
起床
朝食
午前6時30分
7時
7時30分
8時
車で登校

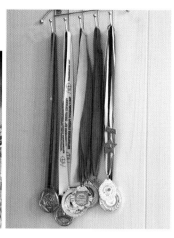

◀部屋には仏壇があり、毎日朝と夜にお祈りをする。

▲お姉さんの部屋のパソコンで、動画サイトの算数の授業を見る。

▲数学オリンピックや英語スピーチ大会でもらったメダルがたくさん。

休日は親せきの家に遊びにいく

親せきづきあいの深いモンゴルでは、休日などにおたがいの家を行き来して、お茶を飲んだりご飯をいっしょに食べたりします。休日、エルヘスさんはよくおじさん（お父さんのお兄さん）の家に遊びにいきます。おじさんの家には、エルヘスさんにとってはいとこにあたる、13歳の双子の姉妹と5歳の妹がいます。子ども部屋はないので、居間の壁ぎわに机をならべて勉強しています。

▲おじさんの家で民族衣装の「デール」を着て、いとこと3人で記念撮影。

インタビュー

ムンフレンとアンヒランの双子の姉妹

動画が見られる！

休日は、お母さんの化粧品や洋服を使って、2人でファッションショーをしたりして遊んでいます。でも、あまり何度もやるとおこられてしまいます。姉は体育が得意で歌が苦手ですが、夢はモデルになること。妹は歌がじょうずで体育が苦手ですが、夢は警察官になること。得意なものが入れかわれば、おたがいの夢がかなうかもしれないねと、2人でよく話しています。

▶居間の壁ぎわに机をならべて勉強をする。

◀5歳の妹の世話をしながら、両親に夕食をつくることもある。

市内の家と郊外の家

市内にふえる一軒家

モンゴル経済の発展にともなって、裕福な家庭もふえてきました。ウランバートル市南部にあるザイサン地区は、十数年前は草原が残る郊外のまちでしたが、住宅開発が進んで今では一軒家がたちならぶ高級住宅街にさまがわりしています。

サイナーさんとギーマーさん姉妹は、そんなザイサン地区にある庭つきの大きな一軒家に住んでいます。以前はアパートに住んでいましたが、数年前に引っこしてきました。建築会社を経営するお父さんと主婦のお母さんといっしょに住んでいます。

祖父母（左から2番目と4番目）が遊びにきてくれたので、ベランダで記念撮影。

▲2階建ての庭つき一軒家。台所と浴室をふくめて9部屋ある大きな家。

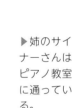

▲ドーナツとモンゴル産のスイカでお茶の時間。

▶姉のサイナーさんはピアノ教室に通っている。

インタビュー

姉のサイナーと妹のギーマー、2人の夢

サイナーさん：私立中学の9年生（14歳）です。学校ではダンスがはやっていて、みんなでよく踊っています。数学の授業が好きで、将来は経営コンサルタントになりたいと思っています。

ギーマーさん：私立中学の7年生（12歳）です。授業のなかでは英語が好きで、数学はちょっと苦手です。将来は医者になって、病気で困っているたくさんの子どもを助けたいと思っています。

▶姉サイナーさんの部屋にはパソコンも置いてある。

◀妹ギーマーさんの部屋はピンク色で統一されている。

れんがでできた手づくりの家と庭。自然のなかで生活できるところが気に入っている。

▲日中は野菜を育てたり、家の増築や改修をしてすごす。

▲今も増築中の2階は客間として使う。

▲エルヘスさんの祖父母、ヤダムスレン夫妻（左・中央）と、娘のソロンゴさん（右）。

手づくりの一軒家

　エルヘスさん（→8～11ページ）の祖父母は、ウランバートル市内のアパートのほかに、車で1時間ほどかかる郊外に家をもっています。とくに夏の間などは、にぎやかなまちをはなれ、庭で自家栽培している野菜を育てながら静かにすごすことが多いそうです。

　おどろいたことに、この家はすべて2人で建てたそうです。土地を掘りおこして基礎をつくり、れんがを1つずつ積んで5年をかけて2階建てにしました。水道管を引いていないので、水をタンクにためておくなど不便なことはありますが、自然に囲まれた生活を楽しんでいます。

1階には台所と居間、寝室、浴室と洗面所がある。

モンゴルの家庭料理

肉と小麦粉を使った料理が多い

ウランバートルなど都市で生活する人びとの家庭では、ヒツジや牛の肉を使った料理がよく食卓にならびます。また、ぶた肉やとり肉、ハムやソーセージなどの加工肉も食べます。

小麦がモンゴルで栽培されるようになったのは、ここ100年くらいといわれていますが、小麦粉からつくった料理も多くあります。たとえば、ボーズ（蒸しギョウザ）の皮は、各家庭で小麦粉を練ってつくりますし、自家製でめんを

うったりパンを焼いたりすることもあります。最近はレトルト食品や冷凍食品などもふえてきましたが、やはり手づくりにこだわる家庭が多いようです。

モンゴルの家庭で、食前（または食後）やおやつの時間に必ず飲むのが、スーテイ・ツァイとよばれるミルク茶です。お湯で茶葉を煮だして牛乳と塩、バターを加えたものですが、塩味のお茶というところが特徴です。ミルク茶に小さなギョウザを入れてスープ料理として食べることもあります。

▲都市でくらす家庭の昼食の例。肉野菜入りスープ、黒パン、ハムとベーコン。

▶基本的に食事はスプーンとフォークを使う。ナイフを使うことも多い。

インタビュー

セレンゲさん（エルヘスさんの祖母）

モンゴルの伝統料理は、素材そのものの味を楽しむために、塩味だけなどのシンプルな料理が多いんですよ。あとはロシアのピロシキや東ヨーロッパの伝統料理など、旧社会主義国の料理もよく食べますし、中国の影響を受けた小麦粉料理もあります。

◀「グリヤーシュ」というハンガリーの牛肉の煮こみ料理。モンゴルでもよく食卓にならぶ。

▲小麦粉からボーズの皮をつくり、ヒツジのひき肉のあんを包む。ボーズを蒸し器に入れて約15分したらできあがり。

▲「ホーショール」という揚げギョウザ。

▲「ツォイワン」という肉野菜入り焼きうどん。

▲小麦粉をこねて発酵させ、オーブンでパンを焼く。

都市でくらす人びとの食事

　昔から遊牧生活をしてきたモンゴルの人びとは、野菜をほとんど食べてきませんでした。家畜の乳と肉で自給自足できていたからです。しかし都市で生活する人や現代的な食生活を送る人がふえ、冷蔵や冷凍の技術も発達したため、野菜や加工品の消費量が年ねん増加しています。大規模農園での野菜栽培も始まりました。市場やスーパーには国産の野菜や果物のほかに、おもに中国やロシアなどの海外から輸入された生鮮食品も多くならんでいます。

▲スーパーで売られている食材には、国産のものだけでなく、外国産のものもある。

▲ハムやソーセージなどの加工肉も人気で、ほぼすべてモンゴル国産。

▲「ニースレルサラダ」というポテトサラダ。

遊牧民の食生活

夏と冬で食事をかえる

　冷蔵庫や加工食品が普及した都市生活者とちがい、昔ながらの遊牧生活を続けている家庭では、夏と冬で大きく食生活がかわります。

　夏はヒツジや馬などの家畜からしぼった生乳でアイラグ（馬乳酒）やチーズ、ヨーグルトなどをつくって食べます。最近はパンやうどんなどの小麦粉料理も食べますが、肉はほとんど食べません。そして秋がきて家畜が太ると、その何頭かを解体して保存します。寒さのきびしい冬には、体をあたためる肉を中心に食べてすごします。そうして待ちのぞんだ春がくれば家畜の出産シーズンです。これが大事な家畜をへらさず、自然とともに生きる遊牧民の知恵なのです。

ヒツジの内臓と血を使った腸づめの塩ゆでを草原で食べる。客をむかえるときは、夏でも肉がふるまわれる。

▲ミルク茶の茶葉をこして容器に移しかえる。

▲保存用に肉を干す。このとき、家畜のふんをたいて虫よけにする。

▶ゲルの屋根にチーズを干してアーロール（乾燥チーズ）をつくる。

ここに注目！

「白い食べ物」と「赤い食べ物」

▼白い食べ物。

　モンゴルの遊牧民は、古くから食生活の中心を「乳製品」と「肉」に分け、その色をあらわして「白い食べ物（ツァガーン・イデー）」と「赤い食べ物（オラーン・イデー）」とよんでいます。

　白い食べ物の代表がアイラグ（馬乳酒）で、馬の乳をかきまぜて発酵させた飲み物です。アルコール度数は約2％で、夏の間はアイラグだけを飲んですごすという人がいるほど、栄養価が高いとされています。

　いっぽうの赤い食べ物、つまり肉料理は冬の食べ物です。たとえば、牛肉を乾燥させてつくったボルツという干し肉は、ビーフジャーキーよりもやわらかい食感の、モンゴルの伝統的な保存食です。

❶アイラグ（馬乳酒）❷アーロール（乾燥チーズ）❸ウルム（生乳の乳脂肪分）❹ミルク茶

大草原のごちそうホルホグ

夏場でもナーダム（→30ページ）やお祝いのとき、そして客をむかえるときなどは、ヒツジを一頭解体してごちそうにします。その解体作業は、日本人からするとびっくりするものかもしれません。しかし動物を苦しめずにすばやく解体し、血を一滴も大地にこぼさない手ぎわのよさは、家畜や自然への敬意を感じます。

ヒツジの内臓や腸づめは塩ゆでにします。そして骨つき肉と焼いた石をなべの中に入れて蒸し焼きにする料理が「ホルホグ」です。味つけは塩のみですが、くさみもなくやわらかい食感で、まさに大草原のごちそうです。

動画が見られる！

◀なべの中に焼いた石を入れて骨つき肉に熱を通す。味つけは塩のみ。

▼野菜を入れてさらに蒸し焼きにするとホルホグの完成。

▼近所の遊牧民も集まってみんなでホルホグを分けあう。

▷蒸し焼きに使った、まだほんのりあたたかい石を手で転がして健康を祈る。

ヒツジの解体

❶ナイフでお腹に切れ目を入れ、そこから手を入れて心臓の大動脈を指で切る。

❷皮を少しずつはいでいく。

❸内臓を取りだし、血液をすべて器に入れる。

❹内臓をよく洗い、腸づめをつくる。

❺最後に骨と肉を完全に外して、皮だけが残る。

大都市とまちを守る人びと

まちとくらし①

一極集中都市ウランバートル

　モンゴルの首都は、標高約1300mの高地に位置するウランバートル（「赤い英雄」という意味）です。約150万人（2018年）の人がくらしていますが、モンゴルの総人口が約322万人なので、半分近い人が首都に住んでいることになります。ウランバートルは、政府宮殿とスフバートル広場を中心に、エンフタイワン（平和）大通りにそって東西に広がる現代都市です。まちには高層のオフィスビルやアパートがたちならび、モンゴルの行政や経済をリードする力強い勢いと、発展のめざましさを感じます。

▲エンフタイワン大通りにある高層ビル。

◀アパートなどの建設ラッシュは、ウランバートル郊外にまで広がっている。写真中央はトール川。

▲ウランバートル市庁舎の屋根に「モンゴル国を発展させよう！」というスローガンがかかげてある。

ここに注目！

広がる経済格差

　モンゴルは、首都ウランバートルとそのほかの地方というように、2つの国があると感じてしまうほど、経済の格差が広がっています。そのため、便利な生活と仕事を求めてたくさんの若者たちが地方からウランバートルにやってきますが、よい仕事や家が見つからない人びとは、郊外の山の斜面にゲルや小さな家を建ててくらしています。そのような場所には上下水道や電気などがなく、都市のなかでも貧富の差がでてきています。こうした経済格差は、現代モンゴルがかかえる課題のひとつです。

▲冬のゲル地区。石炭ストーブで暖をとるので、えんとつからけむりがあがる。

▲燃費のよいハイブリッド車が人気で、市内を走る半分以上が日本車。

誇りをもって働く人びと

ウランバートルでは、交差点の真ん中で交通整理をしている警察官や政府行事の設営を手伝う軍人、昼夜をとわず出動する消防士や救急隊員をよく見かけます。みんな、市民や国のために働けることに誇りをもっています。そしてモンゴルの治安や経済がもっとよくなれば、自分や家族もさらに幸せになると信じて仕事にはげんでいます。

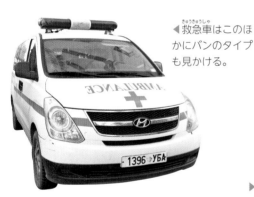

▲新しく建設されたモンゴル相撲の競技場。

◀ライトアップされた中央郵便局。

◀救急車はこのほかにバンのタイプも見かける。

◀パトカーはこのほかに白色やワゴンのタイプもある。

▶日本の援助でつくられた消防車。

◀渋滞緩和のために交通整理をする巡査。

◀年に1度の祭りナーダム（→30ページ）の準備をする若い軍人。

19

市場と乗り物

動画が見られる！

通路の両側に日用品を売る店がぎっしりとならんでいる。

市場とデパート

　モンゴルでもっとも大きな市場のナラントール・ザハは、日用品や食料などの生活用品から、遊牧民のためのゲルや馬のくらまでなんでもそろう場所です。小さな店内の棚や壁までぎっしりと商品をならべている店もあれば、青空の下でベッドなどの大きな家具を売っている露店もあり、いつも人でにぎわっています。

　また、ウランバートルの中心部にはノミンデパートという、モンゴル最大のデパートがあります。歴史ある建物で、社会主義時代はイフデルグール（大きな店）という名前で国が経営していましたが、現在は一般企業が経営しています。

▶左はしのタマネギだけ中国産で値段が安い。そのほかの野菜はモンゴル産。

◀ツァガーン・サル（旧正月）のセールで装飾された、ノミンデパートの店内。

インタビュー

ナラントール・ザハにいた親子

　6歳の娘が小学校に入学するので、文房具や制服を買いにきました。持っている紙は学校から配られたプリントで、入学までに必要なものが書いてあるので、今ひとつずつそろえているところです。

▲ノミンデパート。1924年に創業した、歴史あるデパート。

まちの交通機関と国際列車

ウランバートル市内には、電車や地下鉄が走っていません。そのため市民のおもな交通手段は自動車か市営バスだけになり、通勤・通学の時間は道路が大渋滞します。またウランバートルから地方の各都市へは、長距離バスが運行されています。

モンゴルには、中国の北京からウランバートルを経由してロシアのモスクワまで行く国際列車が走っています。一般客や旅行者だけでなく、ロシアや中国から大量の商品を買いつけてくる行商人も多く、ウランバートル駅はいつも人と荷物で活気にあふれています。

▲市内の路線バス停留所。乗車賃は一律500トゥグルク（約20円）。

旅客・貨物をあつかうモンゴル最大の駅、ウランバートル駅。

▲下の写真で示した列車の車内。3段ベッドになっている開放寝台。そのほか普通座席と個室寝台がある。

◀ウランバートル駅からロシアとの国境の近くスフバートル駅まで走る列車。

ロシア製のレールバスとよばれる旅客車両。

モンゴルの学校

6年生のクラスのみんなで記念撮影。モンゴルの小中学校は、女性の先生（中央の2人）が多い。

義務教育は9年間

　モンゴル第38番学校は、ウランバートル市バヤンゴル地区にある小中高一貫の公立学校です。モンゴルには小中高あわせて803の学校がありますが、そのうちの約80％が公立で、残りは私立の学校です。義務教育は、小学校が5年

間、中学校が4年間のあわせて9年間で、学年は「1年生」から「9年生」とよびます。さらに、ほとんどの児童は高校（3年間）にも進学します。

　モンゴルの公立学校は、算数や科学の指導に熱心な学校があったり、外国語の特別授業をする学校があったりと、それぞれに特徴があります。第38番学校の場合は、ドイツの学校と協力関係を結んでいるので、ドイツ語の特別授業や交換留学の制度などがあります。

◀公立学校の制服は、すべての学校で同じ。

▼高校生が放課後に学区内を見まわり、小中学生たちの安全を守る。

▼交通量の多い場所では、学校の職員が交通整理をしている。

ろうかにならんで先生が教室のかぎを
開けてくれるのを待つ。

モンゴルの学校制度		入学年齢のめやす
小学校	5年間（1〜5年生）	6歳
中学校	4年間（6〜9年生）	11歳
高等学校	3年間（10〜12年生）	15歳
大学	4年間（大学・専門学校）	18歳

＊モンゴルの学校は9月入学なので、入学時点では6歳の児童と7歳の児童がいる。

▶玄関で上ばきにはきかえる。上ばきは毎日持ち帰る。

サイン！ ター
サインバイノー？

サインバイツ
ガーノー？

▶授業の開始時には、先生が「こんにちは。みなさん元気ですか？」ときき、子どもたちが「元気です！　先生もお元気ですか？」と答えてあいさつする。

インタビュー

日本のみなさんへ

　サインバイノー（こんにちは）。私はモンゴル第38番学校で算数の教師をしているガンツェツェグです。第38番学校は2800人をこえる児童が学んでいて、120人の先生が教えている大きな学校です。児童たちは、勉強はもちろん、スポーツや課外授業にも真剣に取り組んでいます。また、他人を敬う気持ちを育み、人の役にたてる人間になることをめざしています。

　日本のみなさんがモンゴルに興味をもってくれたらうれしく思います。そしてぜひともこの学校に遊びにきてくださいね。

学校生活②

授業と休み時間

午前と午後の二部制

　モンゴルの総人口322万人のうち、ほぼ半分近い約150万人が首都ウランバートルに集中して住んでいるので、学校も先生の人数も不足しています。そのため、多くの学校は午前と午後の授業の二部制をとっていて、学年ごとに、児童は午前の部か午後の部の、どちらかいっぽうに通います。

　第38番学校も二部制で、午前の部は朝8時から始まって昼の1時20分に終わり、午後の部は1時40分から始まって夕方の6時10分に終わります。授業は40分間で、3校時目と4校時目の間に15分間の休み時間があります。

▲6年生の新学期の1校時目は、「母国とは何か？」「母とはだれか？」「私はだれか？」「今年の目標」の4つを作文にする授業。

6年生の時間割（月曜日の午前の部）

時間	校時	内容
08：00-08：40	1校時目	歴史
08：45-09：25	2校時目	生物
09：30-10：10	3校時目	算数
10：10-10：25		休み時間
10：25-11：05	4校時目	算数
11：10-11：50	5校時目	英語
11：55-12：35	6校時目	英語
12：40-1：20	7校時目	保健体育

＊7校時目まであるのは月曜日だけで、ほかの曜日は5校時か6校時の授業。授業はそのほか、国語、モンゴル文字、芸術、音楽、化学、物理などがある。

机は2人がけ。鉛筆や黒のボールペンを使う習慣はなく、青色のボールペンか万年筆で書く。

動画が見られる！

▲古来のモンゴル文字（たて文字）の教科書。

▲算数の教科書などはキリル文字が使用されている。

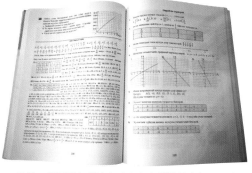
▲月曜日から金曜日までの日直の名簿。「朝7時40分までに黒板をきれいにすること」などと書いてある。

◀ 学生食堂はいつでも大行列。ランチセットや揚げパンなどが売られている。

▲ 障がいのある児童が通う第29番学校には、給食がある。

▲ そうじの手伝いをする2年生。

▲ 放課後は、みんなでまちを散歩しながら帰る。

給食や弁当について

　モンゴルには給食がある学校とない学校があります。給食の内容もちがっていて、パンとジュースを配るだけの学校もあれば、調理師がつくった食事が出される学校もあります。また、自宅から弁当をもってくることはほとんどありません。

　第38番学校の場合は、午前の部に通ってくる児童は家に帰ってから昼食をとり、午後の部の児童は食べてから登校することが多いようです。学校によっては売店や学生食堂があり、休み時間にパンやお菓子を買ったり、放課後に食事をする子どもも多くいます。

　授業の合間の黒板消しやごみ捨てなどは日直の仕事ですが、放課後のそうじの時間はありません。ただ、先生の指示でそうじの手伝いをすることはよくあります。

▼ 授業の合間の教室はおしゃべりでにぎやか。

入学式とサマーキャンプ

先生が鐘を鳴らすなか、新1年生が校舎に入っていく。

■ 入学・卒業は鐘の音とともに

　モンゴルの学校は、夏休み明けの9月から新年度が始まり、入学式がおこなわれます。第38番学校では新1年生とその保護者、先生たちが学校の玄関前広場に集まって、盛大に入学式がおこなわれました。

　新入生がクラスごとにならぶなか、校長先生のお話や国旗掲揚があり、そのあと在校生の代表や先生が、新入生のために歌をおくります。そしてモンゴルの入学式の最大の特徴は、先生が手に持った鐘（ハンドベル）を鳴らすなか、新入生がはじめて校舎に入っていくことです。これを「最初の鐘」といい、卒業式の場合は「最後の鐘」として、鐘の音とともに校舎から卒業生が出ていく風習があります。

▶国歌斉唱と国旗掲揚。

▼校舎に入る順番を待っている新入生。

▼新入生が鐘を鳴らすセレモニー。

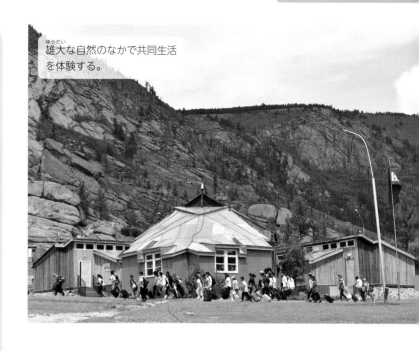
雄大な自然のなかで共同生活を体験する。

先生に花のプレゼント

　モンゴルでは、先生という職業がとても尊敬されています。モンゴルの文化では、何かを教えたり伝えたりできる人は、すばらしい存在だとされているからです。そのため、入学式などのイベントがあるたびに、子どもたちは感謝の意味をこめて、先生に花をプレゼントします。

▲先生におくる花束を持った新入生と親たち。

▲食堂の前でならんで待つ子どもたち。

夏の楽しみはサマーキャンプ

　モンゴルの夏休みは、6月上旬から8月終わりまで約3か月間あります。長い夏休みのなかで子どもたちが楽しみにしているのが、草原に行ってすごすサマーキャンプです。社会主義の時代は、学校で優秀な成績をとった子どもだけが選ばれて行くものでしたが、今はだれでも参加できます。

　ウランバートルからバスに乗ってキャンプ場にきた子どもたちは、学校も年齢もちがいます。大自然のなか、みんなで共同生活をしながら友達をつくり、田舎のくらしを知る貴重な体験の場です。

▲朝・昼・晩の3食と、おやつも提供される。

▲キャンプ場では、みんなすぐになかよしになれる。

家族や友達とすごす休日

まち歩きや川遊びが大好き

　休日には、まちを散歩する家族づれや学生たちのすがたがあちこちに見られます。とくに夏場は道ぞいに果物の行商人がいたり、アイスクリームスタンドがたつので、食べ歩きや買い物をしながら短い夏のひとときを楽しみます。

　また、モンゴルには昔から夏に避暑地に行く習慣があります。夏休みになると大きな荷物を持ってウランバートルをはなれ、すずしい森のなかや川ぞいで遊んだり、遊牧民の親せきのゲルをたずねたりと、自然とともにすごします。

▲観覧車やジェットコースターがある遊園地。

▲いつも人でにぎわうスフバートル広場。

▲夏の名物アイスクリームスタンド。

▲道ばたで売られているリンゴやミカン。

大都市の暑さとさわがしさからのがれ、川遊びやバーベキューなどをして楽しむ。

まちのいたるところでバスケットボールをする子どもたちを目にする。

バスケットボールが人気

モンゴルの小学生がいちばん好きなスポーツはバスケットボールです。団地内にある公園にはバスケットボールのコートがあり、いつもみんなで遊んでいます。そのほかサッカーやバレーボール、伝統的なモンゴル相撲も人気がありますが、最近はたくさんのスポーツや武道が普及し、月謝をはらって剣道やテコンドー、ダンスなどを習う子どももふえています。

▶まちにはサッカーのミニコートもある。

▶VR（バーチャルリアリティー）ゲームも最近は人気。

◀冬場はスノーボードやソリ遊びを楽しむ人もふえた。

◀世界大会で優秀な成績をおさめる競技ダンスクラブ。

インタビュー

今日は休日。何をする？

今日は、ぼくたち4人組の1人ゾルバヤルさん（左はし）の12歳の誕生日だったので、みんなで映画館に行ってアクション映画を見てきました。これから彼の家に行って誕生日パーティーをする予定です。パーティーには15人くらい集まって、たくさんごちそうもならぶんですよ！

29

モンゴル最大の祭りナーダム

年に1度の盛大な祭り

「ナーダム」とは、モンゴルの草原がもっとも美しい時期の7月上旬から夏を通じて各地でおこなわれる祭りで、無形文化遺産として登録されています。とくに7月11日から13日まで首都ウランバートルで開催される「国家ナーダム」は、モンゴル最大の祭典です。

国家ナーダムの初日におこなわれる開会式は、モンゴル大統領のあいさつから始まります。モンゴル帝国の建国者チンギス・ハーンの時代を再現して兵士たちが行進したり、きらびやかな民族衣装を身にまとった人びとが舞踏や楽器を演奏したりして、祭りの気分を一気に盛りあげます。

モンゴル国旗を中心に、モンゴル由来のさまざまな旗をふるセレモニー。

▲軍楽隊の演奏と騎馬隊の行進。

▲チンギス・ハーンの時代を再現。

▲警察官たちの一糸乱れぬみごとな行進。

◀アイスクリーム片手にナーダムを見物する少女。

◀ハヤブサを手にのせて、馬でスタジアムをかける。

12月	11月		10月	8月	7月	6月	5月	4月	3月	2月	1月	
29日	27日	26日	1日	25日	11〜13日	1日	15日	7日	18日	8日	13日	1日	上旬〜下旬
独立記念日	チンギス・ハーンの誕生日	共和国宣言日	敬老の日	若者の日	国家記念日（ナーダム）	フーブディン・バヤル（子どもと母の日）	家族の日	世界保健デー（健康の日）	ツェルキーン・バヤル（兵士の日）	マルティン・ナイム（女性の日）	憲法記念日	新年・元日	ツァガーン・サル（旧正月）

モンゴルのおもな行事

＊旧正月とチンギス・ハーンの誕生日は、旧暦にもとづき、毎年日付がかわる。

▶遠くはなれた的（男性75m、女性65m）に向けて矢を射る（17歳以下の男子は年齢×4m）。

■ ナーダムの3種競技

　ナーダムの中心となる競技は、相撲・競馬（→32・33ページ）・弓射の3種類です。これは、遊牧民であり騎馬民族であるモンゴルの「男の3種競技」とされ、男性はこの3つの競技を習得することが大切だとされてきました。

　ただし現在では、競馬と弓射の試合には女性も参加しています。とくに弓射の競技場では子どもからお年寄りまで、そして男性も女性もデール（民族衣装）に身をつつみ、革製の的をめがけて真剣に矢を放つすがたを見ることができます。

▲17歳以下の女子は年齢×3mの距離から矢を射る。

◀真剣な表情で矢を射る少年。

インタビュー

弓射の試合はどうでしたか？

　2人とも入賞しました。だけど、今年はアメリカに住んでいるすごくじょうずな子がナーダムのために帰ってきて、優勝してしまったんです。毎年試合の3か月前くらいから練習をするんだけど、来年はもっとたくさん練習して優勝したいです。

モンゴル相撲と子ども競馬

試合会場のあちこちで、同時に何組もの取り組みがおこなわれる。

動画が見られる!

モンゴル相撲は注目の的

　日本の大相撲では、モンゴル出身の多くの力士が活躍していますが、モンゴルでも相撲は人びとの関心が高い競技です。毎年だれが予選を勝ちぬき、優勝してアルスラン（獅子）の称号を得るのか、みんなで予想しあいます。

　日本の相撲とちがって、モンゴル相撲には土俵がなく、広い会場のあちこちで、立ったままの組み手争いからいっせいに取り組みが開始されます。相手のひじ、ひざ、頭、背中などを地面につけると勝ちとなります。ただし、てのひらをついても負けになりません。おたがいに投げ技や倒し技を駆使して戦いますが、1回の取り組みが数十分にもわたることもあります。

▲子ども相撲。タカがはばたくような舞をしながら入場する。

モンゴル相撲の力士の衣装

❶ゾドグ：胸の部分が大きく開いた長そでの上衣。
❷ショーダグ：短いパンツ。
❸ゴタル：つま先部分が反った革製ブーツ。

地平線から土けむりをあげて数百頭の馬が疾走してくる。

▲馬も子どもたちも最後まで力をふりしぼって走る。

競馬の騎手は子どもたち

　モンゴル競馬は、広い草原の中を長距離にわたって走る競技です。馬の年齢におうじて走る距離がちがい、2歳馬で15km、3歳、4歳と距離がのびて、6歳以上の成馬は30kmも走ります。馬の負担を軽くするため、騎手は7歳から12歳までの子どもです。レースの先着5頭に入った馬は「アイラグ（馬乳酒）の5頭」とよばれ、たいへんな名誉とされます。

◀レースを終えた馬をいたわる調教師。

◀リタイヤした騎手をバイクに乗せ、馬をひく。

インタビュー

レースの結果を教えて！

　ぼくたち双子はダーガ（2歳馬）のレースに参加しました。2人とも入賞することができました。調教師をしているお父さんもとても喜んでくれたし、ふるさとに入賞の報告ができるので、すごくうれしいです。

旧正月と結婚式

家長の新年のあいさつのあと、家族みんなで記念撮影。

モンゴルの正月ツァガーン・サル

　旧暦の1月1日～3日におこなわれるモンゴルの正月は、ツァガーン・サル（白い月）とよばれます。家族や親せきが集まり、新年と春の到来を盛大に祝います。食卓は豪華で、ヒツジをまるまる一頭塩ゆでしたオーツを中心に、積みあげたヘビン・ボーブ（小麦粉を油で揚げた菓子）、数種類のサラダ、そしてボーズ（蒸しギョウザ）などの料理が食べきれないほどならびます。

　元日は、家族みんなで晴れ着を着て、それぞれ家長へ新年のあいさつをします。最後に家長があいさつを返して食事を開始します。食事を終えたら親せき、知人へのあいさつまわりに出かけますが、1日に何軒もまわるので、各家庭で出されるごちそうで、お腹がいっぱいになります。

▲食卓の準備。ヘビン・ボーブを積む段数は、幸福をあらわす奇数にする。

▲次つぎにボーズを蒸す。家によっては1000個以上つくりおきすることも。

▶ナイフでそぎ落としたオーツ（ヒツジの塩ゆで）を家長からいただく。

◀ハダク（絹布）の上にお金をのせ、家長へ新年のあいさつをする。

結婚式と葬式

若い世代の人たちが多いモンゴルでは、男性は20〜25歳、女性は18〜25歳くらいで結婚するのが一般的です。結婚式は現代的で、披露宴をひらいたりウェディングドレスを着たりすることが多く、挙式場がある結婚宮殿やスフバートル広場で記念撮影をしている光景をよく目にします。

葬式は、チベット仏教のお坊さんのお経とともにとりおこなわれ、「土葬」されるのが一般的です。以前は、遺体を丘の上などに運び、鳥やオオカミに食べてもらう「風葬」という風習もありました。最近では都市化と墓地の不足が進み、「火葬」するケースもふえてきたようです。

土葬で埋葬する。お墓まいりの習慣はほとんどない。

▲現代的な結婚式をする若者が多くなった。

▲結婚式の盛大な披露宴。

▲結婚宮殿とその前にとまっているリムジン。ここで挙式をあげたり、婚姻届けを提出したりする。

▶スフバートル広場で記念撮影する新婦と友達。

35

遊牧民のくらし

朝、ヒツジとヤギを柵から出して放牧に出かける。草原では、ヤギがヒツジの群れを先導する。

大草原で家畜とともに生きる

モンゴルの国土の大半は草原です。モンゴルの遊牧民は、数千年前からヒツジやヤギ、馬などの家畜とともにこの草原を移動しながら生活をしてきました。大地には毎年新しい草が生え、その草を家畜が食べて太り、赤ちゃんを産みます。そしてヒトが家畜から乳をしぼり、肉を食べるほか、毛をかり、ふんを燃料にするという自然のサイクルができあがっています。遊牧民たちは、このどれが欠けても遊牧生活がなりたたないことを知っているのです。

◀牛や馬の乳しぼりが終わるたび、自然のめぐみに感謝しながら天に向かって乳をまく。

▲先に輪っかがついた長いさおで馬をつかまえ、あぶみやくらをつけて乗馬に慣れさせていく。

▲牛の乳しぼり。乳の出がよくなるように、しぼる前に最初の一口を子牛に飲ませる。

▲おもに牛のふん（アルガル）を集める。乾燥したふんは貴重な燃料になる。

ヒツジの皮をやわらかくなめす作業。高い位置にかけておもりをつけ、何度もねじる。

遊牧民の1日は大いそがし

　遊牧民の小中学生の子どもたちは、ふだんはまちの学校の寮に住んでいますが、6月上旬から8月終わりまでの夏休み期間は、ゲルにもどって家族といっしょにくらします。夏休みといっても、遊牧民にとって夏の1日は、休むひまもなくいそがしいもので、家族みんなで働きます。

　遊牧民の仕事は、基本的に女性は家事と乳しぼりなどで、男性は家畜の世話や力仕事をします。子どもは水くみから放牧の手伝いまでなんでもやります。3、4歳から馬に乗りはじめ、両親の働きぶりを見ていろいろなことを学びながら、一人前の遊牧民になっていくのです。

▲馬を自由に乗りこなす10歳のバットサグワさんは、もう一人前のりっぱな遊牧民だ。

▲家畜が病気にならないように、年に2〜3回は獣医師をよんで予防接種をする。

モンゴルの五畜

　モンゴルの遊牧民が大切にする家畜は、頭数が多いものからヒツジ・ヤギ・牛・馬・ラクダの5種類で、五畜（タバン・ホショー・マル）といいます。その頭数の合計は約6650万頭（2018年）で、モンゴルの総人口の約20倍になります。遊牧民にとって、この五畜は自然のめぐみの代表であり、宝物なのです。

▲ヒツジ（ホニ）。ヒツジの毛はフェルトになる。

▲ヤギ（ヤマー）。ヤギの毛はカシミヤになる。

▲牛（ウフル）。乳からチーズなどをつくる。

▼ラクダ（テメー）。荷物を運ぶこともある。

◀馬（アドー）。乳から馬乳酒などをつくる。

ゲルの生活

大草原の移動式住居ゲル。夏場は川の近くにゲルを建てることが多い。

■ 移動式の住居ゲル

　草原にくらすモンゴルの遊牧民は、ゲルという移動式の住居に住んでいます。木材とフェルトで組みたてるために解体も簡単で、1年に3、4回引っこしをする遊牧民にとって、なくてはならないものです。

　ゲルは、ドアを南向きにして建て、ドアから入っていちばん奥（北側）が家長の場所です。

右（東側）が女性や子どもの場所として調理道具などが置かれ、左（西側）が男性や客人の場所として馬具などが置いてあります。またゲルの中心部にはストーブ（かまど）があり、煮たきをしたり暖をとったりするために使います。

　家族みんながひとつの部屋でくらすので、不便なこともありますが、ゲルとは家族がひとつになって助けあうという、遊牧生活の象徴でもあるのです。

ゲルの組みたて

　ゲルの解体には4〜5人の大人で約30分、組みたてには約1時間かかります。ゲルの材料は木材やヒツジの毛のフェルトなどほぼすべて自然のものです。建てるときに地中に柱の1本も立てず草原を傷つけないゲルは、まさに自然とともに生きる家なのです。

❶格子状の木材で円形に壁をつくり、ドアを取りつける。

❷天窓と壁の間に、屋根棒を接続して屋根をささえる。

❸屋根と壁に布をかぶせ、さらにフェルトでおおう。

❹さらに白い布を全体にかぶせて、ひもでしめたら完成。

仏壇

冷蔵庫

蓄電池

ストーブ（かまど）

▲遊牧民にも携帯電話は必需品になった。

▲ゲルの中のようす。右側は女性と子どもの場所で、ベッドのとなりに冷蔵庫と蓄電池がある。

アイラグ

◀ドア近くの右側には家事に使うための棚と、アイラグ（馬乳酒）がある。

▲ゲルの左側は男性の場所で、壁に馬のあぶみやくらがかかっている。

▶ひと仕事終えた休けい中、親子でシャガイ（五畜のくるぶしの骨）で遊ぶ。

インタビュー

ボルドさん一家

わが家は代だい遊牧民の家系ですが、遊牧生活も少しずつ変化してきました。今は携帯電話も必要ですし、テレビを見るためのパラボラアンテナや、冷蔵庫などの電化製品を動かすためにソーラーパネルと蓄電池を設置しています。ヒツジやヤギの放牧に出るとき、馬に乗らずにオートバイを使う遊牧民もいるんですよ。

信仰と産業の移りかわり

13世紀村という施設で祈禱するシャーマン。シャーマンの修行はきびしく、一人前としてみとめられるのに10年はかかるといわれている。

民間信仰とチベット仏教

モンゴルではチベット仏教が信仰されています。仏壇を置いたり宗教画をかざったりする家も多く、子どもが生まれるとお坊さんに名づけ親になってもらうこともあります。

モンゴルではチベット仏教が伝わる前から、天や山、川などの自然のなかに神さまや精霊がいると考えられてきました。地方の道を車で走っていると、小高い丘などに石積みされた小さな山を見かけますが、これは天やその土地の神をまつったオボーとよばれるものです。またモンゴルには、自然の精霊や祖先の霊と交信するシャーマンという祈禱師がいます。神さまに祈りをささげ、病気を治したり悪霊を追いはらったりすることができると信じられています。

▼石積みのオボー。時計まわりに3周しながら石やお金を置いて旅の安全を祈る。

◀仏教儀式でおこなわれる仮面舞踊ツァム。災難や悪霊を追いはらい、幸福を招く。

馬頭琴の工房と教室

▲45人の職人が働くエグシグレン馬頭琴工房。

▲馬頭琴奏者のバットオチル先生と息子のアヨーシュさん。馬頭琴普及のための教室を開き、約200人の生徒がいる。

▲馬頭琴のさおの先につける馬の彫刻をつくっている職人。

伝統工芸と新しい産業

　モンゴルでは式典や祝いごとがあると、必ずといっていいほど馬頭琴（モリンホール）の演奏があります。馬頭琴とは弦と弓に馬の毛を使い、馬の頭の彫刻がさおの先についている弦楽器です。エグシグレン馬頭琴工房では、職人たちが器用な手さばきで馬頭琴を制作しています。また、バットオチル先生の馬頭琴教室では、その音色の美しさと、演奏することの楽しさをたくさんの人びとに伝えています。

　モンゴルの人びとは、遊牧民としての伝統を大切にしていますが、そのいっぽうで、現代のくらしにあわせた食生活や、世界経済のスピードについていく必要があります。たとえば、モンゴルでの野菜の消費量の増加にあわせ、大規模な野菜の栽培が始まりました。また、モンゴルの大地には、銅や亜鉛、鉄鉱石、レアアースなどが大量にうまっています。こうした鉱物資源は、コンピューターなどの電子機器や家電製品に欠かせないもので、今後のモンゴル経済発展のかぎとして注目されています。

有機農法

◀化学肥料を使わない有機農法をしているバヤラグジムス農園。トマトのほか、キュウリやブドウなどを栽培している。

鉱物資源の採掘

◀トゥブ県ザーマル村の金鉱山で働く作業員たち。

41

豊かな自然を次の世代へ

渋滞と大気汚染を解消するために

首都ウランバートルは、道路の渋滞が深刻な問題となっています。政府は、曜日によって自動車の走行制限をかけたり、新たな高速道路を建設したりして、渋滞を少しでも解消しようと努めています。

またゲル地区で煮たきをしたり暖をとったりするために使う石炭ストーブから出るけむりが、工場や車の排ガスとあわせて大気汚染の原因となっています。とくに冬場はPM2.5などをふくむ大気汚染物質で空が灰色におおわれるほどで、早急に解決すべき課題となっています。

▶渋滞解消のための高速道路の建設が進む。

朝夕はとくに大渋滞が起こる。月曜日はナンバープレートの最後の数字が1と6の車が、火曜日は2と7の車が、午前8時から午後8時まで走行禁止、というように制限がかけられる。

▲ゲル地区のえんとつから出るけむりで、空がかすんで見えない。

▲工場や火力発電所から出るガスも解決すべき問題。

▲大雪と寒さのために家畜が大量死するゾドとよばれる被害が出ている。

▲ナーダム会場で「ごみはごみ箱へ！」「美しいナーダムを！」と声かけしていたボランティアの大学生たち。

▲郊外のごみ処理場。生ごみも粗大ごみもいっしょにうめたてられる。

若い世代を中心に環境問題に取り組む

モンゴルの人びとは昔から自然とともに生きてきました。自然は多くのものを人間や動物に与えてくれますが、ときにおそろしい顔を見せることもあります。たとえばモンゴルでは近年、世界的な温暖化によって、大地の砂漠化と、河川のはんらんによる洪水被害がふえました。冬にはマイナス40℃をこえる寒さのために大量の家畜が死んでしまう「ゾド」とよばれる寒雪害も多発しています。

そこでモンゴルの若者たちは、自然を守るために自分たちでもできる小さなことから始めようと、ごみの分別やぽい捨ての禁止などをうったえたり、植林活動などを積極的に進めたりしています。

▲まちのごみ箱には分別ボックスがふえてきた。

インタビュー

T.バットデルゲル先生

［バヤンズルフ地区病院］

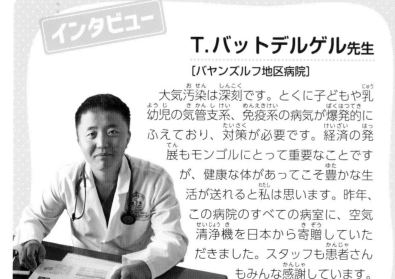

大気汚染は深刻です。とくに子どもや乳幼児の気管支系、免疫系の病気が爆発的にふえており、対策が必要です。経済の発展もモンゴルにとって重要なことですが、健康な体があってこそ豊かな生活が送れると私は思います。昨年、この病院のすべての病室に、空気清浄機を日本から寄贈していただきました。スタッフも患者さんもみんな感謝しています。

▼路上喫煙と、つばはきを禁止する看板。

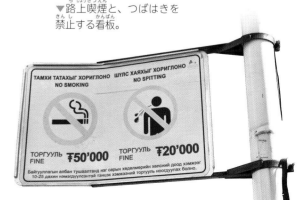

ますます深まる両国の関係

モンゴル軍博物館にある戦車。ノモンハン事件（ハルハ川戦争）などで実際に使用されたもの。

2つの大きな戦い

　日本とモンゴルとのかかわりは、残念ながら戦いから始まりました。13世紀、「元」という王朝（現在のモンゴルと中国）をおさめていたフビライ・ハーンが、2度にわたって日本の九州地方に攻めこんだ「元寇」です。さらにモンゴルが社会主義国家として国づくりを進めていた時代、モンゴル東部の国境地域に日本軍が侵攻し、モンゴル・ソ連軍との戦いが起こりました。この1939年の戦いを日本では「ノモンハン事件」、モンゴルでは「ハルハ川戦争」とよびます。

　冷戦の時代、両国の交流はとだえていましたが、1972年に国交を樹立しました。そしてモンゴルが民主主義に方針転換した1992年以降、急速につながりを深めていくことになるのです。

▲ノモンハン事件80周年記念のジオラマ。

▲生の松原（福岡市西区）にある防塁。元の再襲来に備えて石積みされた。

ここに注目！

シベリア抑留者が建設

　1945年8月のソ連・モンゴルによる対日参戦で、捕虜になった多くの日本軍兵士がシベリアに抑留されました。その一部の抑留者はモンゴルに移送されて建設業などに従事しましたが、現地で亡くなった人も多くいました。現在の日本とモンゴルの友好のかげに、こうしたできごとがあったことを忘れてはいけないのです。

▲美しいオペラ劇場は元日本軍兵士たちの手によるもの。

広がる支援の輪

　現在の日本とモンゴルの関係はとても良好です。政治・外交の面では、両国で連携して国際的な問題に対応する重要なパートナーとして結びつきを強めていて、経済の面でも協力を密にして、おたがいに欠かせない国となっています。

　またJICA（国際協力機構）などを中心に、日本からモンゴルへの支援活動が官民をあげて進んでいます。いっぽう、日本へ学びにくるモンゴルの留学生も多く、日本の大相撲で活躍するモンゴル人力士もたくさんいて、交流がさらに深まっています。

▲日本語能力試験の申請をする学生たち。

▲日本の技術協力で運営されている気象局。

▲幼稚園で活動する青年海外協力隊員。

▲美容師の育成のために、指導する青年海外協力隊員。

◀日本の無償資金協力でおこなわれた、鉄道路線の排水工事や、護岸工事などを記念するプレート。

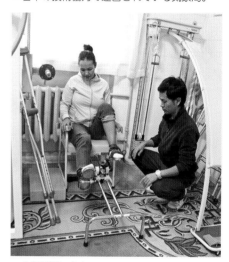
▲理学療法を実施する青年海外協力隊員。

インタビュー　ダワードルジ先生

［モンゴル・日本人材開発センター所長］

　日本の援助でモンゴルに建設されたこのセンターは、モンゴルで優秀な人材を育てるために、日本語の授業はもちろん、日本の文化や風習を学びながら両国の交流を進めています。日本のみなさんも、モンゴルの生活や文化に興味をもってくれるとうれしいです。そして、モンゴルにぜひ遊びにきてください。

▲モンゴル・日本人材開発センターで、こどもの日のイベントの紙しばいを見る子どもたち。

モンゴル基本データ

正式国名

モンゴル国

首都

ウランバートル

言語

公用語はモンゴル語。表記はキリル文字（ロシアやその周辺の国ぐにで使われている文字）を使用。学校では古来のモンゴル文字であるたて文字の授業もおこなっている。モンゴル西端のバヤンウルギー県では共通語としてカザフ語も使われている。

民族

総人口の約95％がモンゴル系で、ハルハ族がいちばん多い。ほかにカザフ族、ブリヤート族、トゥバ族など。そのほか中国系、ロシア系の人びとも住んでいる。

宗教

チベット仏教が広く浸透している。古くから自然崇拝がさかんで、チベット仏教とともに生活に根づいている。西部のカザフ族のあいだでは、イスラム教が信仰されている。

▲マニ車を1回まわすと、1回祈りをささげたことになる（エルデニ・ゾーのラブラン寺）。

通貨

通貨単位はトゥグルク。100トゥグルクは約4円（2020年1月時点）。2万、1万、5000、1000、500、100、50、20、10、5、1の11種類の紙幣がある。

▲2020年1月現在、モンゴルで使われている紙幣（一部）。

政治

政治体制は共和制で、大統領と議員内閣制の併用。元首は大統領。直接選挙制で任期は4年。議会は国民大会議の一院制で76議席。議員の任期は4年。1990年に複数政党制を導入した。国民大会議において首相を指名する。

情報

テレビはモンゴル国営放送（MNB）をはじめUBS、TV5、MN25など全国放送局が約20局、地方局が約80局。ラジオは国営のMNPRのほか、地方局を合わせて全国で約50のFM局がある。おもな新聞は「ウヌードル」「ウドゥリーン・ソニン」「モンゴリン・ウネン」など。（2019年）

産業

主要産業は鉱業で、石炭や金、銅、鉄鉱石など鉱物資源の採掘がさかん。カシミヤ、皮革などの畜産品の加工業も発達している。そのほかに流通業、軽工業がある。

貿易

輸出総額 62億ドル（2018年）

おもな輸出品は、石炭、銅鉱などの鉱物資源と原油、羊毛などの牧畜産品。おもな輸出先は中国、イギリス、ロシアなど。

輸入総額 43億ドル（2018年）

おもな輸入品は、原材料と燃料、工業製品、自動車など。おもな輸入先は中国、ロシア、日本など。

日本への輸出

35億7686万円（2018年）

おもな輸出品は、鉱物資源、繊維製品、金属製品など。

日本からの輸入

572億円（2018年）

おもな輸入品は、自動車、一般機械、建設・鉱山用機械など。

軍事

兵力 9700人（2019年）

予備役は約13万7000人。徴兵制で、男子満18〜25歳のうちに1年間の兵役がある。

▲兵役中の若者たち。うしろに見えるのはザイサン・トルゴイ丘の戦勝記念碑。

チンギス・ハーンのモンゴル帝国

モンゴルのはじまりは、匈奴とよばれる遊牧民が紀元前3世紀ごろに築いた国家とされている。その後、さまざまな遊牧民の諸部族がモンゴル高原をうばいあっていたが、1200年ごろ、モンゴル民族のチンギス・ハーンが多くの民族をまとめてモンゴル帝国を建国した。騎馬隊を中心としたモンゴル帝国軍は世界各地に遠征し、最大で東は朝鮮半島から、西はヨーロッパの一部までを支配する巨大な帝国を築くことになる。モンゴル帝国時代のモンゴル民族はモンゴル語を話す遊牧民が中心だったが、トルコ語を話す商人など、さまざまな文化をもつ人びとがふくまれていた。

モンゴル帝国は、チンギス・ハーンの子孫たちが領土を分けあっておさめることになっていく。第5代ハーン（皇帝）のフビライは、現在のモンゴルと中国を中心とする東部一帯をおさめ、1271年に「元」という国を樹立する。モンゴル軍が2度にわたって日本に攻め入った元寇は、この時期である。その後、中国の漢民族の国である「明」が勢力を拡大して元をモンゴル高原に追いやった。この時代にモンゴル民族にチベット仏教が広まり、モンゴル高原に住む仏教徒の遊牧民という、現在のモンゴル民族のすがたとなった。その後、満州族が建てた「清」の時代の1669年、モンゴル全土が清の支配下に置かれることになった。

社会主義国家としての国づくり

1911年に清がたおれて漢民族中心の中華民国が成立すると、ロシアの支援を受けたモンゴルは中国の支配からぬけでる独立宣言をするが、中華民国の強い反対にあって自治をみとめられるだけにとどまった。その後、ロシアの力が弱まったことで自治権さえもうばわれたモンゴルは、ロシア革命後の1924年、スフバートルらが中心となりソ連の支援を受けてモンゴル人民革命

▲モンゴル帝国の祖にして、英雄チンギス・ハーンの像。

を起こし、「モンゴル人民共和国」として再度独立を宣言する。ただし独立できたのは、現在のモンゴル国である北部の外モンゴルだけで、南部の内モンゴルはそのまま中国に残ることになった。内モンゴルには、日本の支援によって独立をめざす人びともいた。

モンゴルはソ連の支援をもとに、社会主義国家として国づくりを進めた。1939年、モンゴル東部の国境に日本軍が侵入したノモンハン事件（ハルハ川戦争）では、モンゴルはソ連とともにこれをしりぞけ、その後の第2次世界大戦でもソ連とともに日本と戦った。戦後、捕虜となった日本人のなかにはモンゴルでの労働を強いられた人びともいた。

▲ザイサン・トルゴイ丘にあるモザイク壁画。モンゴルとソ連軍兵士が大日本帝国の旗を踏み折っている。

社会主義国家から民主主義国家へ

第2次世界大戦後、モンゴルは国家として国際的にみとめられるようになり、1961年に国際連合に加盟。翌年にはソ連を中心とした社会主義国で構成された国際機構COMECON（経済相互援助会議）に加わった。

しかし1980年代に入ると、国民の声が政治に反映されず、さまざまな自由が制限される社会主義の体制への不満があがりはじめた。民主化を求める声が高まるなか、1990年からは複数の政党による政治がおこなわれるようになり、ソ連解体後の1992年には社会主義の考えをとりさった新しい憲法が制定される。国名も「モンゴル国」にあらため、国民の投票によって大統領を選ぶ民主主義の国となった。

日本とは1972年に国交を結び、民主化された1992年以降、日本からの支援が本格化した。モンゴルはロシアと中国という大国にはさまれているため、現在はアメリカや日本などを「第三の隣国」とよび、こうした国ぐにとの関係を重視している。

さくいん

取材を終えて　　関根 淳（せきね まこと）

　1995年から4年間、モンゴルの子どもたちに野球を教えていたこともあり、モンゴルは私の第二のふるさとです。当時のモンゴルは、社会主義からぬけでて民主化されてからまだ数年で、断水や停電などが日常茶飯事でした。日用品なども不足気味で、不便なことも多かったのですが、モンゴルの人びとに深刻な雰囲気はなく、国全体がいつもエネルギーに満ちあふれていました。

　今回、数年ぶりにモンゴルに行き、その変わりようにおどろきました。まちには高層ビルがたちならび、ものがあふれています。そして私がモンゴルにいたころよりも、モンゴルの人びとには笑顔と自信がみなぎっているように感じました。また、私の妻はモンゴル人なので、取材では彼女の家族や親せきにたくさんの協力をしていただきました。日本の小中学生のみなさんに、今のありのままのモンゴルを紹介してもらうことに、誇りを感じてくれている表情が印象的でした。

　経済の発展のいっぽうで、気になることもありました。モンゴルの人口の半分近い150万人が住む首都のウランバートルは、とくに朝夕の交通渋滞がはげしく、空がかすむほどの大気汚染が深刻な問題となっています。また、大きな一軒家に住んでいる裕福な家族もいれば、仕事を

▲草原で出会った、ヒツジの世話をする遊牧民の子ども。

さがしに地方から出てきたものの、職や家もなく、まちのはずれにゲルを建ててくらしている家族もいます。

　こうした現象は、戦後の日本もそうだったように、発展途上にある国でよく見られる光景ともいえます。しかし当時の日本とはちがい、今は個人でもたくさんの情報を得ることができ、問題を解決する方法もふえました。国民の約70％が35歳以下という、おどろくほど若いモンゴルの人びとが、こうした問題に取り組み、引っぱっていってくれることを信じています。

● 監修
尾崎孝宏（鹿児島大学法文学部人文学科教授）

● 取材協力（順不同・敬称略）
13世紀村／第29番学校／第38番学校／エグシグレン馬頭琴工房／ガンバット家／JICAモンゴル事務所／ジャブフラントキャンプ場／ダワードルジ／ヤンサン家／ツェレンドゥグ家／中野幸昌／バットオチル／バットデルゲル／バヤラグジムス農園／バヤンズルフ地区病院／藤野紀子／ムーンダンスクラブ／モンゴル・日本人材開発センター／ヤダムスレン家

● 写真提供
Alamy／アフロ（前見返しの右下）
JICAモンゴル事務所（p.45 中左・中・中右）

● 参考文献
長沢孝司／尾崎孝宏・編著『モンゴル遊牧社会と馬文化』（日本経済評論社）
風戸真理／尾崎孝宏／高倉浩樹・編『モンゴル牧畜社会をめぐるモノの生産・流通・消費』（東北大学東北アジア研究センター）
上水流久彦／太田心平／尾崎孝宏／川口幸大・編『東アジアで学ぶ文化人類学』（昭和堂）
小長谷有紀／前川愛・編著『現代モンゴルを知るための50章』（明石書店）
佐々木健悦『現代モンゴル読本 増補改訂版』（社会評論社）
石井祥子／鈴木康弘／稲村哲也・編著『草原と都市：変わりゆくモンゴル』（風媒社）
『データブック オブ・ザ・ワールド2020』（二宮書店）

● 地図：株式会社平凡社地図出版
● 校正：株式会社鷗来堂
● デザイン：株式会社クラップス（佐藤かおり、神田真里菜）

現地取材！　世界のくらし4
モンゴル

発行	2020年4月　第1刷
	2023年11月　第2刷

文・写真	：関根淳（せきね まこと）
監修	：尾崎孝宏（おざき たかひろ）
発行者	：千葉均
編集	：原田哲郎
発行所	：株式会社ポプラ社

〒102-8519　東京都千代田区麹町4-2-6
ホームページ：www.poplar.co.jp
印刷　　：TOPPAN株式会社
製本　　：株式会社ハッコー製本

©Makoto Sekine 2020 Printed in Japan
ISBN978-4-591-16524-9
N.D.C.292/48P/29cm

現地取材！ 世界のくらし

Ａセット　全5巻（❶〜❺）

Ｂセット　全5巻（❻〜❿）

続刊も毎年度刊行予定！

- 小学高学年〜中学向き
- オールカラー
- A4変型判　各48ページ
- 図書館用特別堅牢製本図書